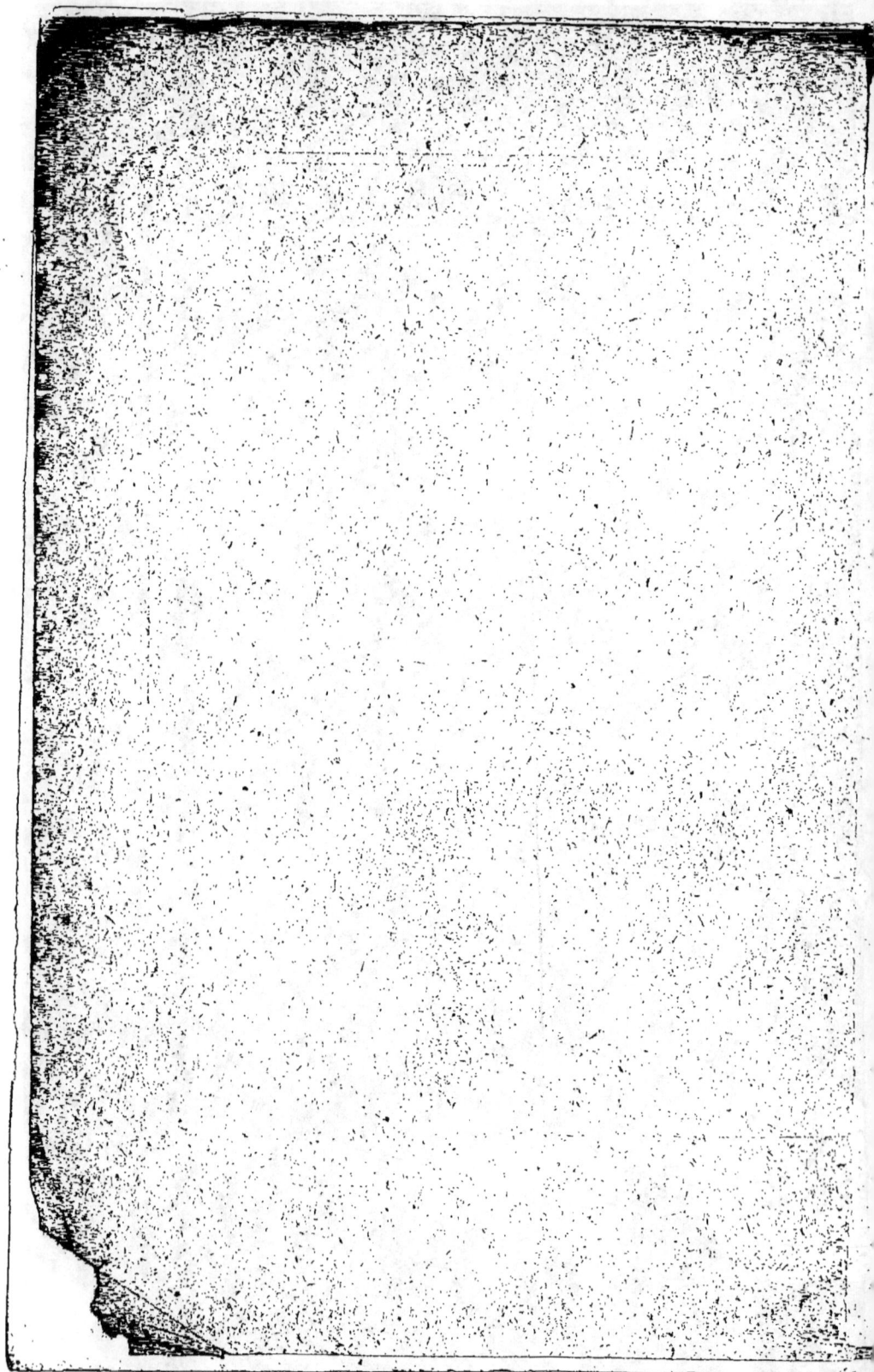

GARIBALDI EN FRANCE

GARIBALDI

EN FRANCE

GRENOBLE
IMPRIMERIE ET LITHOGRAPHIE VEUVE RIGAUDIN
8, rue Servan, 8

1882

GARIBALDI EN FRANCE

Le 3 juin une dépêche annonçait que Garibaldi était mort la veille, à Caprera.

Le même jour, un député français, appartenant à la gauche, montait à la tribune et demandait à la Chambre des députés de lever sa séance en signe de deuil.

Malgré la protestation énergique et indignée d'un député de la droite, M. Baudry-d'Asson, le scandale fut consommé et une Chambre française ne craignit pas de jeter à la face de la France catholique cette insulte, la plus sanglante quelle eût reçue depuis l'entrée des Italiens à Rome.

Aujourd'hui les républicains trouvent, paraît-il, que l'hommage rendu à la mémoire du chef des bandes garibaldiennes n'est pas suffisant et ils ouvrent une souscription pour lui élever une statue.

Que les Italiens élèvent un monument à celui qu'ils appellent un héros, c'est leur affaire ; mais nous qui n'avons pas les mêmes motifs de reconnaissance pour Garibaldi, nous repoussons hautement toute solidarité avec cet homme néfaste qui fit maintes fois couler le sang français et qui, en 1870, contribua par son indolence ou sa lâcheté, à la défaite de notre armée de l'Est.

Puisque les républicains veulent élever une statue à ce condottiere, nous croyons aussi faire œuvre de bon patriote, en rappelant quelle fut la conduite de Garibaldi et de son armée pendant la campagne de 1870-71.

I. — Garibaldi en France.

Depuis la bataille de Mentana où il s'était trouvé en face des chassepots français, Garibaldi s'était retiré à Caprera.

La guerre éclate entre la France et l'Allemagne. Le gouvernement de la Défense nationale succède à l'Empire. Un pharmacien d'Avignon, nommé Bordone, songe à appeler Garibaldi en France. Il se rend à Tours et a une entrevue avec Laurier, Crémieux et Glais-Bizoin. Il leur fait part de son idée et en obtient, sinon une approbation officielle, au moins un consentement officieux. (1)

Or voici ce que télégraphiait à cette époque le préfet de Nice, M. Marc Dufraisse, au gouvernement de la Défense nationale, à Bordeaux :

> Garibaldi est à Nice, *le chef avoué du parti sécessionniste*. C'est vous dire que sa présence sera, à coup sûr, l'occasion de nouveaux troubles, et ceux-là pourront être de la dernière gravité.

Le gouvernement était donc bien prévenu ; mais, soit par faiblesse, soit par crainte, il donna son consentement en mettant cependant pour condition que Garibaldi se rendrait directement à Tours sans passer par Lyon.

---

(1) Enquête parlementaire sur les actes du gouvernement de la Défense nationale ; déposition de M. Bordone, t. IV, p. 1.

On verra plus tard pour quel motif M. Crémieux faisait cette recommandation à Bordone.

L'ex-pharmacien d'Avignon et le chef des chemises rouges arrivèrent le 9 octobre à Tours. Ce dernier reçut le commandement de la zône des Vosges avec une brigade de gardes mobiles et tous les corps qui se trouvaient dans la région.

En apprenant le départ pour la France de Garibaldi et de ses bandes d'aventuriers qui l'avaient suivi en Sicile, à Naples et Mentana, un député du Parlement italien s'écriait : « Ils s'en vont ! Eh bien ! on peut maintenant supprimer la gendarmerie ! »

L'Italie était débarrassée ; mais la France allait bientôt s'apercevoir qu'elle avait donné asile à un ramassis de malfaiteurs de toute espèce.

L'armée de Garibaldi était loin d'être composée tout entière de voleurs et de malfaiteurs. Il y avait parmi les troupes qui avaient été mises sous le commandement de ce chef de bandes d'excellents patriotes qui auraient mérité d'avoir un autre chef que cet aventurier.

Dans tout ce que nous dirons ultérieurement de l'armée de Garibaldi, nous exceptons les officiers de l'armée, les officiers de mobiles et les troupes régulières qui firent partie de l'armée des Vogess : ceux-là furent de vrais soldats français, et se battirent dans l'Est comme leurs camarades sur la Loire ou dans le Nord. Ceux dont nous allons raconter les exploits sont les hommes dont Garibaldi forma son état-major et qui furent les chefs des bandes qui vinrent se ranger autour de l'ancien condottiere avec la pensée de profiter des désastres de la France pour piller, faire bonne chère et se livrer impunément à toutes sortes d'exactions.

II. — Bordone.

Parmi les chefs de cette armée, nous devons placer au premier rang l'ex-pharmacien Bordone.

Nommé colonel par Garibaldi et chargé de de la direction de son état-major, il conserva jusqu'au dernier jour la confiance de « l'illustre ganache », — comme l'avait appelé un de ses amis, — que le gouvernement de la Défense nationale avait placé à la tête de l'armée des Vosges.

Veut-on connaître l'homme dont Garibaldi avait fait son chef d'état-major? Nous n'avons qu'à interroger ses amis politiques.

Le 22 novembre 1870, M. Leven, aujourd'hui conseiller municipal radical de Paris, alors attaché au ministère de la justice, télégraphiait au procureur de la République à Avignon :

Veuillez m'envoyer par dépêche le casier judiciaire de Bordone.

LEVEN.

Et le procureur de la République d'Avignon répondait par la dépêche suivante :

Avignon, le 22 novembre 1870.

Procureur de la République Avignon, à Justice, Tours.

Copie du casier judiciaire de Bordone :

19 mars 1857, Lachâtre, coups, dix francs d'amende.

2 juillet 1858, Lachâtre, détournement d'objets saisis, 50 francs d'amende.

24 juillet 1860, Cour de Paris, escroquerie, 2 mois de prison, 50 francs d'amende.

Le 5 décembre 1870, M. Challemel-Lacour,

alors préfet de Lyon, aujourd'hui sénateur, télégraphiait :

La conduite de Bordone à Autun est *l'objet des plaintes de tous*, *une cause de découragement*, *un péril très grave. Elle méritera un conseil de guerre.* Vous devez en savoir plus que moi ; mais ce que je sais m'oblige à dire que *le maintien d'un tel chef d'état-major* EST UN SCANDALE. Garibaldi est aveugle ; vous ne pouvez pas l'être. N'y a-t-il pas moyen d'éloigner Bordone sans blesser Garibaldi ? En tous cas, tout doit céder à l'intérêt du salut public.

Et M. Gambetta répondait :

Tout ce que vous me dites sur Bordone m'est connu ; mais je ne puis l'enlever à Garibaldi qui veut le garder. C'est sur Garibaldi directement qu'il faut agir.

En même temps il télégraphiait à M. Spuller, préfet de la Haute-Marne, de demander à Garibaldi le renvoi de Bordone ; mais toutes ses démarches furent inutiles.

La lettre de service ministérielle en date du 12 octobre qui avait reconnu Bordone, ne lui donnait que le titre d'*aide de camp* du général Garibaldi. Le chef d'état-major nommé était le colonel Frappoli. Cet officier ayant été évincé de ses fonctions par Bordone et chassé de l'armée des Vosges, partit pour Tours, afin de se plaindre au ministre.

Celui-ci informé de ce qui se passait, écrivit l'ordre suivant que nous retrouvons dans le rapport de M. de Ségur sur les marchés à l'armée de Garibaldi (1) :

Le membre du gouvernement de la Défense nationale, ministre de l'intérieur et de la guerre, confirme itérativement M. le colonel Frappoli dans les fonctions de chef d'état-major du corps du général Garibaldi, qui avaient été déterminées par décision du gouvernement. C'est à lui seul que je reconnais ce titre et les pouvoirs qu'il comporte. Il ira donc prendre immédiatement son poste auprès du général Garibaldi, et *procédera à l'élimination du sieur Bordone, dont les antécédents judiciaires et la conduite ne sauraient se concilier avec le caractère de représentant du gouvernement français.*

Tours, le 15 novembre 1870.

Léon Gambetta.

---

(1) *Rapport de M. de Ségur sur les marchés à l'armée de Garibaldi*, p. 147, 148.

Cet ordre resta sans effet.

Fort de la faiblesse du gouvernement et de l'impunité dont il jouissait, Bordone se crut tout permis. Il donnait des ordres aux préfets, faisait arrêter d'honorables citoyens, et traitait en pays conquis les départements qu'il traversait. Son audace alla si loin, que M. Gambetta lui-même, qui cependant n'était guère scrupuleux, en fut révolté et crut devoir intervenir de nouveau. Voici ce qu'il écrivait de Lyon, à la date du 24 décembre, à son délégué à Bordeaux, M. de Freycinet :

Depuis quelques jours je lis un grand nombre de dépêches signées Bordone. Cet homme, vous le savez, est le chef d'état-major du général Garibaldi ; vous n'ignorez pas ce qu'on en dit, et il y a lieu de ne pas se départir envers lui des règles de la prudence. *C'est lui qui commande, taille, tranche, fait tout auprès de Garibaldi.* Je ferai d'abord remarquer que ces dépêches sont écrites dans une forme souvent inacceptable. Nul ne parle et n'écrit comme lui. On dirait vraiment qu'il est omnipotent. *Il donne des ordres aux préfets.* Il prescrit des mesures, *il ordonne des arrestations.* Il n'y a rien enfin qu'il ne fasse partout, chez lui comme hors de chez lui. Je tiens encore une fois à vous mettre en garde contre ces prétentions démesurées, que nous ne pouvons accepter (1).

Quelques jours après il écrivait encore :

Arrivez donc à réduire les prétentions de M. Bordone. *Je n'ignore pas les ménagements que la situation comporte ;* mais il y a un moyen de ramener M. Bordone à son véritable rôle, et je vous prie, avec votre habileté accoutumée, de n'y pas manquer (2).

En même temps, il sollicitait l'aide du préfet de Marseille, et il télégraphiait :

Lyon, 25 décembre 1870, 6 h. 59 soir.

Ministre Intérieur à Préfet, Marseille.

Vous savez sans doute que Garibaldi a pour chef d'état-major Bordone, qui est, à ce qu'il paraît, très difficile à vivre ; car il y a de nombreuses démissions dans le corps de Garibaldi, provoquées par ses procédés, *ses allures omnipotentes*, *son insupportable hauteur*, sans préjudice d'une foule d'autres causes dont je ne veux rien dire ici....

Si vous pouviez user de votre influence sur lui, ce serait nous rendre un grand service...

---

(1) *Dép. off.*, t. II, p. 159.
(2) *Dép. off.*, t. II, p. 402.

Le plus fâcheux, c'est qu'à tout propos et hors de propos, Garibaldi parle de donner sa démission.

Léon Gambetta.

C'est cependant cet homme que le gouvernement de la Défense nationale nommait général le 13 janvier 1871.

M. de Freycinet télégraphiait à cette occasion :

Bordeaux, le 13 janvier 1871, 11 h. soir.

Guerre à général Garibaldi, Dijon.

Le gouvernement de la République vient de nommer Bordone général. En conférant ce grade à l'homme que vous honorez de votre confiance, nous avons voulu vous prouver une fois de plus notre sympathie et notre respect.

C. de Freyciney.

Le gouvernement télégraphiait, d'autre part, au nouveau général, ce qui suit :

Bordeaux, le 13 janvier 1871, 11 h. soir.

Guerre à général Bordone, Dijon.

Le gouvernement vient de vous nommer général de brigade, chef d'état-major de l'armée des Vosges. En vous conférant ce grade, nous avons voulu *augmenter votre autorité, ré-*

compenser vos services militaires, et faciliter ceux plus grands encore que la République attend de vous.

C. DE FREYCINET.

Nous verrons plus tard comment Bordone remercia le gouvernement de la confiance qu'il lui témoignait et de quelle manière il se montra à la hauteur des hautes fonctions auxquelles il avait été appelé.

III. — L'ARMÉE GARIBALDIENNE.

On comprend, d'après ce que nous venons de dire, ce que pouvait être une armée commandée par de tels chefs. Ce qui suit va achever d'édifier sur le compte des troupes garibaldiennes.

M. Challemel-Lacour, alors préfet du Rhône, télégraphiait :

Lyon, 11 novembre 1870, 1 h. 5 soir

Préfet à Gambetta, Guerre, Tours.

J'ai payé jusqu'à présent 300,000 fr. pour armée des Vosges, mais il y a *bien des désordres et bien des aventuriers autour de Garibaldi*. Epurez-moi cela. Je ne paierai plus rien jusqu'à nouvel ordre.

CHALLEMEL-LACOUR.

Lyon, 13 novembre 1870, 5 h. 20 soir.

Préfet à Guerre, Tours.

Quelle doit être désormais ma conduite avec l'armée de Garibaldi et avec ses intendants? Je vous répète que je le crois entouré de *gens méritant peu de confiance*. Il y a ici depuis longtemps neuf cents garibaldiens qu'on paie et qui ne font rien.

CHALLEMEL-LACOUR.

Lyon, 16 novembre 1870, 11 h. 27 matin.

Préfet à Intérieur, Tours.

Les Italiens qui errent à Lyon depuis six semaines, sous prétexte de former l'armée de Garibaldi, *se livrent à tous les désordres*. Ils viennent d'assassiner deux hommes dans la même nuit. Lyon ne peut être plus longtemps leur lieu de rassemblement. *Je demande qu'on m'en débarrasse.*

CHALLEMEL-LACOUR.

Lyon, 16 novembre 1870, 3 h. 18 du soir.

Préfet Rhône à Guerre, Tours.

Veuillez donner l'ordre à tous les prétendus garibaldiens qui sont ici d'aller s'organiser ailleurs. *Il faut à tout prix que Lyon soit purifié de cette engeance.*

CHALLEMEL-LACOUR.

Nous allons demander maintenant de nouveaux renseignements aux dépositions faites devant la commission d'enquête parlementaire chargée par l'Assemblée nationale de faire la lumière sur les actes du gouvernement du 4 Septembre.

Voici un passage de la déposition de M. de Grancey :

M. de Grancey. — D'après ce que j'ai vu de l'armée de Garibaldi, je ne crois pas qu'il lui fût possible de défendre quoi que ce soit. Ces troupes n'avaient aucune cohésion ni aucune discipline. Plusieurs femmes y avaient des emplois d'officiers.

M. de Rainneville. — Commandant à des hommes ?

M. de Grancey. — Oui.

M. Chaper. — Vous avez vu cela ?

M. de Grancey. — Je ne l'ai pas vu, mais je le sais, à n'en pas douter. Je connais un ancien officier, habitant Dijon, qui a reçu un billet de logement pour deux officiers : l'un d'eux était une femme qui avait un commandement.

M. de Rainneville. — Pas sur des Français ?

M. de Grancey. — Si, certainement. D'ailleurs, il y avait à Genève une certaine Pepita qui faisait des conférences sur le rôle qu'elle a joué, comme capitaine de cavalerie, pendant la guerre. Il y en avait une autre qui avait les insignes de chef de bataillon et qui faisait partie de l'état-major de Riciotti, je crois.

Bordone lui-même était obligé de reconnaître combien était facheux un pareil état de choses, et il télégraphiait, le 14 novembre, au ministre de la guerre :

« La chasse aux galons prend ici des proportions énormes et désorganise le corps. »

Le 6 janvier, le colonel Gauckler télégraphiait d'Autun à M. Gambetta :

Il (Garibaldi) ne peut plus marcher, ses facultés semblent affaissées ; initiative disparue; il est à la merci de son entourage italien qui vaut très peu, surtout son gendre, ce Lobbia, sous-chef d'état-major, connu par l'histoire des tabacs italiens, peu avantageusement.

Quand Bordone est absent, cet entourage commet, au nom de Garibaldi, des inepties et des *turpitudes* qui désorganisent et démoralisent l'armée. *Il semble qu'il y a parti pris de ne pas agir*. Grâce aux blancs-seings et délégations donnés à Lobbia, il se fait des nominations et des tripotages qui scandalisent le public. *Les Français voudraient combattre, et sont humiliés d'avoir des chefs italiens, incapables et* SANS PROBITÉ. Bordone a grand' peine à empêcher démissions en masse, et ne sauvera que difficilement le nom de Garibaldi d'une tache qui rejaillira sur la République. Trop long vous citer les faits. Si désirez, adresserai rapport. Préférerais commission d'enquête.

Le mieux serait que Garibaldi renonçât à une partie que son état le rend incapable de jouer, ou qu'un commissaire, muni de pouvoirs suffisants, *vienne* NETTOYER *armée* et veiller à ordre.

IV. — L'ARMÉE GARIBALDIENNE A AUTUN.

Les dépêches et les dépositions qu'on vient de lire permettent déjà d'apprécier quelle était la valeur morale de l'armée garibaldienne; nous allons maintenant la voir à l'œuvre.

Les garibaldiens arrivèrent à Autun le 8 novembre. Nous allons demander à la déposition faite devant la commission d'enquête par M. Castillon, qui remplissait à Autun, pendant l'occupation garibaldienne, les fonctions de chef du Parquet de première instance, le récit de leurs exploits dans cette ville :

Les garibaldiens sont arrivés à Autun, si mes

souvenirs sont exacts, le 8 novembre, à un moment où on était loin de les attendre. Le lendemain même de leur arrivée, ils commencèrent à jeter une certaine terreur dans la population... Ils envahirent aussitôt les églises. Bientôt après ils se répandirent dans la ville, et, à partir de ce moment tous les jours, c'était à qui raconterait de petits faits de vols dont chacun avait était victime. Ces gens entraient dans les magasins : ils se faisaient montrer différents objets, puis, à un moment donné, ils se bousculaient et sortaient au milieu du tumulte en emportant différentes choses, bien entendu sans les payer.

Trois jours après leur arrivée, nous apprîmes que, pendant la nuit, les soldats d'un bataillon de francs-tireurs — celui, je crois, de l'*Egalité* — qui étaient logés à l'évêché, avaient forcé les appartements de Sa Grandeur. Ces hommes, au nombre d'une trentaine environ, précédés d'un officier armé d'un révolver et porteur d'une petite lanterne sourde pénétrèrent par violence dans les appartements privés de Mgr de Marguerie.

Ce vénérable vieillard reposait. Eveillé dans son premier sommeil, il fut, naturellement, surpris de cette visite inattendue, et il leur demanda ce qu'ils venaient faire. Leur chef répondit qu'ils étaient envoyés pour voir s'il n'avait pas chez lui des armes et de l'argent.

Puis la perquisition commença. Naturellement, ils ne trouvèrent point d'armes ; mais ce qu'ils surent bien découvrir et ce qu'ils emportèrent, ce furent deux montres, la croix pastorale de l'évêque, puis une grande quantité de médailles d'argent que Mgr de Marguerie avait rapportées de Rome, où il venait d'assister au Concile.

A un ou deux jours de distance, une troupe espagnole, commandée par un capitaine Canaveole, pénétra dans l'église des Oblats de Marie, y enleva différents ornements servant au culte, passa dans la sacristie et y enleva un saint-ciboire qui, heureusement, était vide. Un prêtre avait eu le temps d'emporter du tabernacle le saint-ciboire qui contenait les hosties consacrées.

Ces gens ne s'en tinrent pas là ; ils s'affublèrent de différents ornements qu'ils trouvèrent dans la sacristie et parodièrent une procession. Après cela ils se rendirent dans le jardin qui est attenant à cette maison d'Oblats, le saccagèrent, coupèrent la tête d'une statue de la Vierge qui se trouvait dans la cour et déposèrent à la place, paraît-il, un tas d'ordures.

A la même époque, du 15 au 20 novembre, le bataillon de l'*Egalité*, de Marseille, commandé par le commandant Delpech, commit une série de larcins dans l'autre maison des Oblats, celle des Oblats du Sacré-Cœur. Les hommes de ce bataillon pénétrèrent d'abord violemment dans la cave et y volèrent les provisions considérables qu'ils y trouvèrent et qui étaient destinées à subvenir à l'alimentation des cinquante élèves du scolasticat pendant tout l'hiver. A quelques jours de là, l'un des frères fut brutalement assailli par plusieurs d'entre eux parce que, paraît-il, il aurait refusé de leur donner quelques bouteilles de vin contenues dans un placard. On alla chercher le supérieur, qui était à ce moment en ville, et on lui annonça qu'on avait menacé de fusiller un des frères de la maison. Pendant qu'on était allé le chercher, ces gens criaient :

— Nous voulons aussi le supérieur ! Nous voulons le fusiller !

Le supérieur arriva sur ces entrefaites et se présenta à ces hommes et à leur chef :

— Me voici, leur dit-il du ton le plus énergique, fusillez-moi donc ! Quel est celui d'entre vous qui veut me fusiller ? Qu'il parle ! voilà déjà longtemps que vous êtes ici, et depuis votre arrivée vous n'avez fait que commettre des vols. Vous avez pillé, vous avez saccagé. Votre conduite n'est pas excusable ! Il faut — ce sont ses propres expressions, — il faut que vous et moi nous y passions ! Je vais faire immédiatement ma plainte à l'état-major.

Le R. P. supérieur s'y présenta, en effet. Il fut d'abord mal accueilli. Cependant, devant ses énergiques réclamations, on lui promit de faire cesser les abus dont il se plaignait, mais il ne s'aperçut guère qu'on en tînt compte.

Pour terminer ce qui a trait à cette maison

d'Oblats, je dois ajouter que *le colonel de la légion*, lequel a demeuré assez longtemps dans l'établissement même, se trouva un beau jour probablement mal à l'aise de loger avec des francs-tireurs et, sans prévenir le supérieur, il emporta en ville les meubles qui se trouvaient dans sa chambre — c'était la chambre habituellement destinée à recevoir les évêques de passage — et les garda fort longtemps. Le R. P. Rambert fut obligé d'aller lui-même à l'état-major. On le renvoya du colonel au général, du général au commandant de place. Enfin, voyant qu'il ne pourrait obtenir justice, il se décida à se la rendre lui-même. Il prit un camion et s'en alla, avec un de ses frères, à la maison qu'occupait le colonel Delpech. Là, il trouva un poste de 12 à 15 hommes qui y montaient la garde. C'étaient des Marseillais et, comme le R.P. supérieur est de Marseille et qu'il connaît le patois provençal, il s'adressa à ces hommes dans leur langue et leur exposa sa situation et son projet. Il parvint à mettre les rieurs de son côté, et ces hommes finirent par l'aider à charger sur le camion les meubles que leur chef avait emportés.

Depuis ce moment-là, le colonel Delpech n'eut plus aucun rapport avec l'établissement des Oblats; il n'y remit plus les pieds. Les hommes de sa légion se conduisirent relativement mieux, en ce sens qu'il n'y avait plus rien à prendre. La maison était dévastée; les murs étaient complètement dégradés : il n'y avait plus rien à piller.

M. le président. — Ainsi M. Delpech avait enlevé les meubles de la chambre qu'il occupait ?

M. Castillon. — Oui, Monsieur le président.

M. Ulric Perrot. — Et il n'en a retenu aucun ?

M. Castillon. — Le R. P. supérieur ne m'a pas dit qu'on eût gardé quelques-uns de ses meubles. Seulement il paraît qu'on ne les lui a pas rendus dans un état fort propre.

M. le président. — Est-ce le même Delpech qui a été préfet de Marseille.

M. Castillon. — Je ne pourrais vous le dire. Tout ce que je sais, c'est que c'est celui qui était commandant des francs-tireurs de l'*Egalité*.

Le Delpech dont parle M. Castillon dans sa déposition était bien en effet l'ancien préfet de Marseille, que le 4 septembre avait trouvé portefaix du port, d'autres disent comptable.

Quoiqu'il en soit, le 5 septembre il était membre du Comité de Salut public des Bouches-du-Rhône. Quelques jours après, il passait à la sous-préfecture d'Aix, puis à la préfecture de Marseille.

En apprenant cette nomination, M. Gambetta télégraphiait de Paris où il se trouvait encore, à M. Laurier :

« Je regrette bien nomination Delpech à Marseille : il est *incapable*, il sera certainement impuissant (1) ..... »

M. Delpech resta préfet jusqu'au 30 octobre. Ce jour-là, il fit afficher sur toutes les murailles de la ville une proclamation qui se terminait ainsi :

Citoyens,

Il n'y a plus désormais dans la nation que deux catégories possibles :

Les lâches et les braves !

Qui voudrait être de la première ?

Je veux appartenir à la seconde : j'envoie ma démission de préfet et je prends le fusil... »

M. Delpech envoya en effet sa démission, mais ce fut pour troquer sa préfecture contre un brevet de lieutenant-colonel et le commandement d'une brigade. A la tête d'une troupe de francs-tireurs qu'il avait raccolés un peu partout, il alla rejoindre l'armée garibaldienne qui se trouvait alors à Autun. Il y

(1) *Dép. off.*, t. II, p. 252.

accomplit les exploits que nous avons relatés et obtint de Garibaldi, en retour sans doute de sa belle conduite vis-à-vis des meubles du couvent des Oblats du Sacré-Cœur, le grade de général de brigade.

Voici une autre déposition non moins intéressante : c'est celle de M. le capitaine de vaisseau César Pradier, qui remplit, en 1870, les fonctions de général commandant les départements de Saône-et-Loire et de l'Ain :

Le 11 décembre 1870, je reçus du général Bressolles l'ordre de rendre Autun redoutable.

Je partis le 12 pour cette ville, où se trouvait Garibaldi, accompagné de M. Gilles, commandant du génie. Nous tombâmes à Autun en *pleine orgie garibaldienne*. Ricciotti, nous dit-on, arrosait, ce soir-là, à l'hôtel de la Poste, où nous étions descendus, en compagnie de nombreux officiers et *de femmes perdues*, *tous en état d'ivresse* et chantant les chansons les plus obscènes, son ruban de la Légion d'honneur.

Le lendemain, Garibaldi voulut bien nous recevoir. Nous fûmes introduits près du général par deux fort jolies femmes, vêtues en officiers garibaldiens, une *capitainesse* et une *lieutenante*.

Voici encore ce que nous lisons dans la

déposition de M. Castillon devant la commission d'enquête parlementaire :

Les garibaldiens usèrent de réquisitions nombreuses, et voici comment ils procédaient :

MM. les officiers garibadiens, qui pourtant avaient touché leur entrée en campagne, s'adressaient à des fournisseurs pour se faire remettre ce qu'ils prétendaient leur manquer, faisaient des bons, et ces bons étaient ensuite présentés par les fournisseurs. Ainsi, ces Messieurs se faisaient faire des paires de bottes de 60, de 80 francs, des vêtements, des manteaux de 100 et de 200 francs, etc..... Il y eut des abus criants : des bons de toute espèce ont été présentés ; ainsi, il y eut chez des coiffeurs des bons de pain, de savon, d'eau de toilette, etc.....

....

Voici un troisième fait. Je le tiens du commandant lui-même qui, le premier, s'est mis à en rire :

Un M. Eymard arrive auprès du général et demande un commandement. Il prétendait que ses mérites l'autorisaient à être nommé commandant. On lui répondit qu'on n'avait aucune troupe à mettre à sa disposition. Alors il eût l'idée de former un corps d'isolés, c'est-à-dire de jeunes gens qui auraient perdu leur corps. Il nous a avoué qu'habituellement il avait 8 ou 10 hommes au plus, mais que, les jours de paie, ce nombre s'augmentait considérablement et qu'il allait jusqu'à 40 ou 50 hommes.

Il se passait aussi un autre fait assez grave : c'est qu'on touchait une entrée en campagne au moment où l'on prenait le commandement d'un corps. MM. les officiers trouvaient très commode d'ajouter de la sorte à leurs appointements la somme de 600 ou 800 francs, selon leur grade. Au bout de quelque temps, ils quittaient le corps qu'ils avaient pris et entraient dans un autre. Il est arrivé que des officiers ont touché plusieurs fois l'entrée en campagne en changeant de corps et de nom. On portait sur les listes des effectifs supérieurs à la réalité.

On a accusé certains officiers — je ne nommerai que le commandant italien Ravelli — d'avoir empoché plusieurs centaines de mille francs au détriment du Trésor. Ce fait était tellement connu des hommes du commandant Ravelli qu'il n'osait en punir aucun, de crainte d'une révélation.

Toute la journée les francs-tireurs conservaient leurs armes, et ils se servaient très souvent de ce moyen pour mendier avec menaces. Je dois même dire que des militaires montant la garde mendiaient sous les armes. J'ai été moi-même escorté de la sorte, et plusieurs personnes l'ont été également. Je pourrais citer M. Ernest Picard, l'ancien ministre, qui m'a raconté le fait lui-même. Quand on ne leur répondait pas, ils faisaient un mouvement comme pour armer le chien de leur fusil, et il ne fallait pas trop s'effaroucher si on voulait leur résister. Mais il y avait bien des personnes qui préféraient donner plutôt que de s'exposer quelquefois à un mauvais quartd'heure.

Il y eu également de nombreux faits de réquisitions dans les campagnes. Ces hommes allaient par bandes arméesde douze, quinze, trente personnes, et ils pillaient le plusqu'ils pouvaient. On comprend jusqu'à un certain point ces moyens dans une armée qui n'est pas régulière, mais ce qui est moins facile à comprendre, c'est qu'ils allaient faire des réquisitions sous le couvert de l'intendance et qu'ils obligeaientles paysans à leur livrer du fourrage ou de la paille à des prix qui n'étaient pas des prix commerciaux. Vous allez en juger par le fait suivant, qui a un caractère d'authenticité incontestable.

Voici le fait :

Un nommé Salomon reçoit un jour la visite d'une trentaine de garibaldiens armés, qui étaient conduits par un nommé Gauthier, lequel était fournisseur de l'agent même de l'intendance. Ils lui demandent quelques milliers de fourrage et de foin. Ce sieur Salomon était tout disposé à obtempérer à la réquisition qui lui était faite. Seulement il demande le prix qu'on voulait lui offrir. Après plusieurs pourparlers on lui offrit 80 francs pour le mille de fourrage. Salomon dit que le prix courant était bien supérieur à cette somme, puisque tous les jours on offrait 120 francs pour la même quantité de fourrage. Il ajouta : « Je suis tout disposé à accepter un prix modéré, mais je ne puis fournir au prix que vous m'indiquez. Et comme il ne voulait pas accepter le premier prix offert, on le saisit et on le mit en prison. On eut soin de s'emparer aussi de son fourrage. Entré le 3 janvier en prison, Salomon en est sorti le 5. A la suite de ces faits Salomon a intenté un procès à Gauthier, et le Tribunal, par un jugement en date du 18 avril 1871, a condamné Gauthier à 500 francs de dommages et intérêts.

Les documents abondent, mais nous sommes obligé de nous restreindre. En voici cependant encore un qui ne manque pas d'intérêt. C'est un extrait de la déposition de M. Debuschère, qui était commissaire de police à Autun pendant l'occupation garibaldienne.

Entre autres choses édifiantes, voici ce que nous lisons dans cette déposition :

M. Debuschère. — Les fils de Garibaldi, Ricciotti et Menotti, avaient la passion du jeu. Menotti restait toute la nuit au café, à jouer au billard. Il jouait seul quand il n'avait pas de partenaire.

Riciotti passait une partie de ses nuits à jouer

avec ses subordonnés. Il en était de même de Bordone et de tous ces Messieurs.

....

Un jour les garibaldiens avaient demandé du bois, et le fournisseur, M. Lenoble, n'avait pu en apporter, parce que les routes étaient chargées de neige. Il n'y avait pas de gros bois. Il n'y avait que du petit bois.

Le général Menotti fit dire que, s'il n'avait pas de gros bois dans l'espace de deux heures, on sévirait. On revint au bout de deux heures, et le concierge, un simple employé du fournisseur, répondit : « Je n'ai pas du gros bois. Je n'ai que du petit bois. »

Sans autre préambule, on envoya chercher le fournisseur. Il était onze heures du soir et on l'emmena en prison.

M. le comte de Rességuier. — Ces faits de violence n'ont-ils pas été approuvés ou conseillés par la proclamation de Garibaldi ?

Ne représentait-on pas les riches, les prêtres, comme les auxillaires des Prussiens ?

M. Debuschère. — Il y avait une proclamation du général Bordone qui était rédigée dans ce sens-là.

La proclamation dont parle M. Debuschère était signée de Garibaldi lui-même. C'était une véritable excitation au vol, au pillage et à la guerre civile.

Nous avons également la déposition de M. Mathieu, qui était alors directeur de l'établissement du Creuzot. En voici seulement un court extrait :

L'armée de Garibaldi n'a pas séjourné au Creuzot même, mais nous avons ressenti, en plusieurs circonstances, les effets de son séjour dans notre voisinage, c'est-à-dire à Autun. Dans nos pays, on n'entend que des plaintes sur ce qui s'est passé.

Dés le début, la présence des garibaldiens nous était signalée par des réquisitions, surtout au profit des officiers. Il fallait des chevaux de luxe et des équipages à ces Messieurs. La façon de les acquérir était passablement leste. On envoyait au propriétaire, à l'improviste, souvent la nuit, quelques cavaliers qui, avec l'appui du maire et de la garde nationale, ordonnaient au cocher d'atteler et de partir pour Autun. Voitures et chevaux disparaissaient ainsi, sans qu'on ait pu jamais les revoir.

V. — L'ARMÉE GARIBALDIENNE A DIJON.

L'armée garibaldienne quitta enfin Autun. elle se dirigea sur Dijon. Elle avait reçu la mission de défendre cette ville et de s'y établir, et une fois ce résultat obtenu, de défendre la contrée montagneuse qui s'étend entre Dijon et Langres, de manière à arrêter les troupes allemandes qui pourraient être envoyées au secours du général Werder, attaqué par l'armée de l'Est, commandée par Bourbaki.

Voyons comment ce plan a été exécuté par Garibaldi.

Voici d'abord ce qu'a déposé à ce sujet, devant la commission d'enquête parlementaire, M. Castillon :

Le 26 novembre, les troupes partirent pour Dijon, afin de prendre part à la première affaire. Le premier jour elles remportèrent quelques succès sur les hauteurs de Lantenay et de Pasques. Mais ils voulurent, enhardis par ces premiers succès, s'aventurer jusqu'à Dijon, sans envoyer d'éclaireurs en avant.

Au moment où les garibaldiens comptaient entrer en ville, les Prussiens qui avaient simulé une retraite, leur envoyèrent quelques volées de mitrailleuses qui *refroidirent singulièrement l'élan de ceux qui étaient en première ligne*, et UNE DÉBANDADE AFFREUSE S'ENSUIVIT PARTOUT.

Trois jours après, nous vîmes revenir à Autun, par petits groupes de cinq, six, dix hommes, *dans le plus grand désordre*, les francs-tireurs et les Italiens, traitant hautement nos mobiles de lâches, criant que c'étaient eux qui les avaient empêchés d'être victorieux, qu'ils les avaient trahis, lançant enfin contre eux, à chaque instant, les épithètes les plus grossières.

Le lendemain, c'est-à-dire le 1er décembre au matin, nous apprîmes que la veille, les *dernières bandes garibaldiennes avaient été chassées* d'Arnay-le-Duc, qui n'est situé qu'à trente kilomètres d'Autun. Naturellement nous dûmes nous attendre à voir sur nous, dans la journée, l'armée prussienne. On prit très rapidement quelques précautions. On voulut établir des défenses, mais, faits au dernier moment, ces ouvrages ne furent d'aucune valeur.

Quelques heures s'étaient à peine écoulées, que les premiers coups de canons de l'ennemi se firent entendre. Vous dire à ce moment la *débandade qui eut lieu sur la place et de tous les côtés*, c'est impossible. Un grand nombre d'Italiens se trouvaient dans les cafés : CHACUN SE PRÉCIPITA OU IL POUVAIT.

Je montai alors du côté du Tribunal, vers la prison, d'où l'on pouvait apercevoir ce qui se passait dans la plaine. Chemin faisant, je rencontrai le bataillon de l'Egalité, lequel s'était caserné dans une des maisons d'Oblats, *qui se dirigeait du côté opposé à celui par où venaient les Prussiens*, dans la direction, je crois, d'Etang ou de Mesvres.

On a dit généralement dans le public qu'à ce moment, sur 18,000 hommes dont se composait l'armée de Garibaldi, un bon tiers des soldats italiens *avaient pris la fuite*. Je dois ajouter, parce que c'est la vérité, que plusieurs personnes qui ont logé des officiers garibaldiens — j'en connais au moins quatre ou cinq — m'ont raconté que *ces officiers les avaient suppliés, au moment de l'attaque d'Autun, de* LEUR PRÊTER DES COSTUMES CIVILS. *D'autres se cachèrent dans les maisons, disant qu'ils étaient trop gravement indisposés pour pouvoir prendre part à l'action, et ils restèrent couchés chez eux tant que dura l'attaque. Ceux qui avaient revêtu des habits bourgeois allèrent je ne sais où. Ce n'est que le lendemain, lorsque les Prussiens eurent disparu, qu'on cria victoire et qu'on reprit les costumes militaires*. Parmi les personnes qui ont logé des officiers garibaldiens dans ces conditions et qui leur ont prêté en cette circonstance des habits civils, je pourrais vous citer M. le juge de paix et un M. Froment, propriétaire très connu à Autun.

Les soldats qui, par-contre, méritent les plus grands éloges et qui ont vaillamment défendu l'honneur français sont les mobiles artilleurs de la Charente, au nombre de trois cents environ, et qui, placés sur la terrasse du petit séminaire, avec dix-huit pièces de canon se sont battus avec le plus grand courage. Ils avaient à leur tête le commandant Ollivier. Eux seuls, pendant quatre ou cinq heures, ont soutenu l'attaque. Cette journée a coûté soixante morts, dont quarante étaient des mobiles artilleurs de la Charente, et *un seul Italien*, ce qui ferait supposer que la plus grande part de ce corps étrangers n'a pas été bien engagée et n'a pas pris une grande part à l'action.

Je sais que tous ceux qui entouraient Garibaldi, et le général lui-même, montèrent au-dessus de la ville, à un endroit qu'on appelle Couard, situé à peu près à trois kilomètres d'Autun. C'était un observatoire d'où l'on dominait toute la plaine et *où surtout on était à l'abri des balles prussiennes.*

Garibaldi se tint là avec tout son état-major et deux mitrailleuses. Il y resta pendant toute l'attaque donnant des ordres à ses Italiens qui *continuèrent, pour le plus grand nombre, leur marche par cette route, jusqu'au Creuzot, où l'on devait se replier en cas d'insuccès.*

Garibaldi entra le 7 janvier à Dijon. Dès le surlendemain il recevait de nombreuses dépêches lui annonçant la concentration de 40 à 50,000 hommes de l'armée ennemie à Châtillon.

Le sous-préfet de Semur télégraphiait, le 15 janvier :

Une personne sûre annonce qu'il se produit

d'Auxerre, Nogent, Chablis, c'est-à-dire des derrières de l'armée de Frédéric-Charles, vers Chanceaux, par la vallée des Laumes, des mouvements considérables de troupes.

A la même date, Garibaldi était en outre prévenu par son fils Ricciotti lui-même, parti en éclaireur du côté de Montbard avec une colonne de 1,000 à 1,200 hommes.

Voici la déposition du maire d'Aignay-le-Duc, M. Masset, sur ce point :

Dans la nuit du 12 au 13, je reçus plusieurs avis du canton de Recey qui annonçait l'apparition sur plusieurs points de corps d'éclaireurs de l'armée prussienne. Je les communiquai immédiatement à M. Thiébaut, le secrétaire chef d'état-major de Riccioti, qui lui-même les lui transmit aussitôt.

....

A cinq heures du matin, le 13, une dépêche, préparée par Riccioti, pour son père, fut remise et recommandée au conducteur de notre voiture de Dijon, qui se chargea de la porter dans la journée au général Garibaldi.

Garibaldi avait été prévenu également par d'autres officiers de son état-major, ainsi que cela résulte d'une lettre adressée, le 20 mars 1871, par M. de Grancey, lieutenant de vaisseau, au *Times*.

M. de Grancey écrivait :

J'ai fourni moi-même au commandant Castellaggi, de l'état-major de Garibaldi, les renseignements les plus détaillés sur la marche en avant des corps nombreux qui occupaient alors les environs de Châtillon. Je l'ai vu écrire au général une lettre dans laquelle il les lui transmettait et la remettre à un sous-lieutenant, M. Olivari, pour la lui porter.

....

Le général Garibaldi était donc, à ma connaissance, prévenu du mouvement des Prussiens dans la nuit du 13 au 14, Ricciotti le 13, à dix heures du soir, et Lobbia le 14, à 9 heures du matin.

Le 10 janvier, l'ingénieur en chef du département de la Côte-d'Or, M. de Laborie, qui était régulièrement renseigné par ses cantonniers, s'était rendu auprès de Garibaldi et lui avait communiqué les notes qu'il avait reçues. Celui-ci lui avait répondu que ses précautions étaient prises.

Le 12 janvier, M. de Laborie ayant reçu de nouveaux renseignements, s'était rendu de nouveau auprès de Garibaldi et lui avait signalé l'effort qu'allait faire l'armée allemande pour aller au secours du général Werder acculé à la frontière. Garibaldi avait encore répondu à M. de Laborie qu'il pouvait être sans inquiétude, son fils Ricciotti occupant les défilés entre Grancey et Dijon.

Garibaldi était donc bien prévenu ; nous verrons prochainement ce qu'il fit.

Prévenu de la marche des Prussiens, Garibaldi s'empressa de rappeler Ricciotti qui quitta, le 14 janvier, le pays qu'il était chargé de défendre.

— Pourquoi vous en allez-vous, disaient les habitants aux Garibaldiens ?

— Parce que les Prussiens arrivent, répondaient ceux-ci.

Et le 15 janvier Ricciotti faisait une entrée triompale à Dijon, comme s'il eût battu l'armée ennemie.

Voici comment s'exprimait à ce sujet M. Darcy, conseiller général de la Côte-d'Or, dans sa déposition devant la commission d'enquête :

Les postes les plus rapprochés étaient à Aisey et Saint-Marc-sur-Seine, sur la route impériale de Châtillon à Dijon. Ils envoyaient leurs éclaireurs jusqu'à Cosne, situé à 4 kilomètres d'Aignay, sur un chemin de grande communication qui va de cette bourgade s'embrancher sur la route. Ricciotti Garibaldi envoya des patrouilles de ce côté, qu'il pouvait croire menacé.

Mais, en même temps, le soir, à une heure très avancée, comme s'il eût eu le pressentiment des projets dont les Prussiens allait entreprendre l'exécution le lendemain, il faisait dire au maire d'Essaroix, M. Félix Bordet, d'avoir, *sous peine de mort*, à le prévenir au cas où l'ennemi s'avancerait de son côté.

M. Félix Bordet, apprenant l'arrivée des avant-gardes ennemies, dans la vallée de l'Ource, le 13 au soir, envoya un exprès à Aignay de grand matin. Le maire lui fit répondre que *les derniers garibaldiens venaient d'en partir*.

En effet, informés sans doute des mouvements de l'ennemi, *les garibaldiens firent demi-tour à droite* et filèrent par des chemins de traverse, marchant parallèlement aux colonnes ennemies par Etalante et Echalot, jusqu'à Salives, Barjon et Avot, dans les environs de Grancey. Là, tournant au sud et gagnant de vitesse la colonne de Lignon, il arrivaient le 14 à Is-sur-Tille, à l'entrée du vallon de Lignon, et repartaient le 15, *un jour avant que les Prussiens en débouchassent* ; ils faisaient le même jour leur *entrée triomphale à Dijon.*

Ainsi l'armée de Manteuffel *trouva tous les passages libres* et n'eut *pas un seul coup de fusil à tirer.*

Les quelques troupes chargées, sous les ordres du général Ketteler, d'attaquer Dijon, pour immobiliser Garibaldi et couvrir les derrières de l'armée lancée sur le Doubs, n'eurent pas plus de peine.

Ces troupes formaient un total de cinq bataillons, deux escadrons et deux batteries soit 5 ou 6,000 hommes.

Garibaldi avait 18.000 hommes.

Un membre. — Les Garibaldiens prétendent avoir eu affaire à 25.000 hommes.

M. Darcy. — Le chiffre que j'indique n'est contesté par personne dans le département. Il est de notoriété publique.

M. le président. — Je vois, Monsieur, que vous êtes du pays et vous nous rapportez l'expression du sentiment qui y règne. Il nous a été dit par MM. de Freycinet et de Serres que Garibaldi était parfaitement renseigné, qu'il n'avait voulu s'engager qu'à coup sûr, qu'on lui avait envoyé de Bordeaux plusieurs fois le conseil et même l'ordre d'attaquer l'armée prussienne, mais qu'il n'avait jamais voulu le faire, craignant de se compromettre, et qu'il avait refusé d'engager une action sérieuse. Est-ce votre opinion ?

M. Darcy. — Messieurs, dans le pays, on croit, en effet, que Garibaldi se... comment dirai-je ?... se ménageait beaucoup. IL NE RECHERCHAIT PAS LES AFFAIRES AVEC LES PRUSSIENS. C'EST EVIDENT. Cela ressorrt même de sa conduite. Il avait une légende militaire et politique à conserver intacte. Il comptait médiocrement sur ses troupes. L'armée prussienne était plus redoutable que les soldats napolitains, Il est naturel qu'il ait préféré s'en tenir à quelques rencontres de patrouilles. Quant à l'inaction du général Garibaldi, vous pourrez consulter M. de Laborie. Vous pourrez lui demander exactement le sort de certaines dépêches, qu'il portait lui-même le 12 janvier au général. Celui-ci paraissait très fatigué. Il répondait qu'il ne pouvait pas s'occuper de la direction militaire. Il invita M. de Laborie à s'adresser à Bordone.

— Du reste, ajouta-t-il, ne craignez rien. Mon fils Riciotti occupe très fortement les vallées de l'Ognon et de la Tille.

Trois jours après, Riciotti rentrait triomphalement à Dijon dans les conditions que vous savez. M. de Laborie revit Garibaldi et lui demanda des explications.

— Ah ! que voulez-vous? aurait-il répondu, mon pauvre fils est bien malade. Tous les jeunes gens qui l'entourent et qui sont très bien *éduqués* — c'est le mot dont il se servit — n'ont pu rester plus longtemps dans les montagnes du Chatillonnais.

Et les jours suivants ON VOYAIT RICIOTTI PARADER A CHEVAL DANS LES RUES DE DIJON. La fluxion de poitrine était entrée dans sa période de décroissance.

M. Ulric Perrot. — Une question encore à propos de Garibaldi. Avez-vous entendu dire que Garibaldi ne fût pas venu en France pour combattre les Prussiens, mais bien pour assurer le triomphe de la République ?

M. Darcy. — Je tiens, en effet, de plusieurs personnes qu'elles ont entendu dire à des officiers de Garibaldi : — Les Prussiens ? Ce n'est pas là notre affaire. NOUS SOMMES VENUS SURTOUT POUR ASSURER LE TRIOMPHE DE LA RÉPUBLIQUE UNIVERSELLE.

Le 18 janvier, Garibaldi paraît décidé à faire taire les bruits malveillants qui commencent à courir sur sa couardise. Ayant laissé la garde de la ville de Dijon au général Pélissier et à ses mobilisés, il quittait cette ville et prenait la route de Langres où il devait rencontrer l'ennemi. Mais il rentrait le lendemain à Dijon sans qu'on sût pour quel motif il avait battu si subitement en retraite.

Pendant ce temps-là l'armée allemande continuait sa marche en avant. Le général de Manteuffel quittait le 13 janvier Châtillon-sur-Seine, sans être inquiété, traversait le massif de montagnes qui s'étend de Dijon à Langres et arrivait, le 16, à Fontaine-Française, dans la vallée de la Saône.

L'armée de Garibaldi ne s'était pas montrée une seule fois pendant ces quatre jours.

Le général de Manteuffel laissa à Thil-Châtel une brigade chargée d'observer Dijon et fit occuper par son avant-garde la ville de Gray. Le 21, Dôle tombait au pouvoir de l'ennemi et le 24, l'armée allemande occupait Mouchard, point stratégique important qui commandait toutes les directions.

Nous arrivons à cette fameuse bataille de Dijon, dont les Garibaldiens firent tant de bruit. Nous verrons prochainement s'ils avaient raison de se glorifier de ce fait d'armes.

L'occupation de Mouchard par l'armée allemande était une pointe hardie pour barrer toute retraite au général Bourbaki dans le cas où il serait obligé de se replier dans la vallée de la Saône.

Garibaldi aurait pu essayer de réparer la faute qu'il venait de commettre en se jetant sur les derrières de l'armée allemande. Manteuffel le comprit et pour déjouer le projet il chargea le général Ketteler, qui avait été laissé dans l'Yonne avec une brigade d'observation, de menacer Dijon afin d'y retenir l'armée garibaldienne.

Ce plan réussit. Garibaldi tomba dans le piège qui lui était tendu.

Un combat s'engagea, le 21, sur la route de Châtillon, puis à Daix, à Fontaine et à Talant. Garibaldi se trouvait dans ce dernier village et exhortait les mobiles à marcher à l'ennemi, quand on vint le prévenir que les Prussiens approchaient. Cette nouvelle coupa court à sa harangue et il s'empressa de rentrer à Dijon.

Le lendemain, le général Ketteler renouvela son attaque et s'avança jusqu'aux portes de la ville ; il abandonna le soir les positions qu'il avait occupées pendant la journée et renvoya au lendemain, 23, l'attaque la plus sérieuse.

Ce jour-là, les Prussiens s'avancèrent jusqu'au faubourg Saint-Appolinaire, mais ils furent repoussés par les mobilisés commandés par le général Pélissier.

C'est à la suite de cette rencontre avec les Prussiens que Garibaldi lança cette proclamation emphatique et prétentieuse qui commençait par ces mots :

« Eh bien ! vous les avez revus, les talons des terribles soldats de Guillaume, jeunes fils de la liberté ! Dans deux jours de combats acharnés, vous avez écrit une page bien glorieuse pour les annales de la République... »

Voici comment le rapport de la commission d'enquête sur les actes du gouvernement de la Défense nationale apprécie le résultat de ces trois journées :

Le retentissement exagéré que le général Garibaldi et son chef d'état-major donnèrent à cette affaire, dépassa toute mesure, et chacun put croire, avec le gouvernement de la Défense nationale qui s'y laissa prendre, qu'il y avait eu une grande et profitable victoire remportée par Garibaldi sur une et même sur plusieurs armées allemandes, tandis qu'en réalité, il n'y avait eu que le succès d'une armée de 30,000 à 40,000 combattants, défendant, dans de bonnes positions, une ville attaquée par 6,000 à 8,000 hommes.

Voici maintenant un extrait de la déposition du général Bourbaki devant la commission d'enquête :

Il n'y a pas eu pour Garibaldi et ses troupes de victoire facile ni difficile. Les gens de cette armée ont écrit, de tous côtés, qu'ils étaient victorieux ; on l'a cru un instant ; mais les victoires n'existaient que dans les bulletins.

Un membre. — Garibaldi n'a-t-il pas, en abandonnant ses positions, rendu plus facile la marche des Prussiens sur vous?

M. le général Bourbaki. — J'admets qu'il ait connu le mouvement du général Manteuffel ;

il aurait pu s'y opposer, comme à Gray, s'y battre, chicaner, disputer le terrain, se replier s'il était forcé, sur Dôle et la forêt de Chaux, facile à défendre par des troupes irrégulières, je ne demandais pas d'autre victoire. Du reste, il y a des dépêches télégraphiques qui montrent qu'au ministère de la guerre, on s'était rendu compte de la conduite de Garibaldi et qu'elle avait excité dans le gouvernement d'alors un vif mécontentement.

Un membre. — Il a été accusé d'être la cause principale du désastre de l'armée de l'Est.

M. le général Bourbaki. — Oui, jusqu'à un certain point, parce que, s'il avait tenu ses positions, j'aurais eu du temps devant moi; le général Manteuffel n'aurait pas pu concentrer tous ses efforts sur nos troupes, il aurait dû assurer ses communications.

Nous avons encore l'appréciation du délégué de M. de Freycinet à l'armée de l'Est, M. de Serres, qui reprochait à Garibaldi :

1° D'avoir abandonné à l'ennemi, sans les disputer, des passages et des positions qu'il était chargé de défendre, abandon qui a compromis le sort de l'armée de l'Est.

2° D'avoir connu les mouvements de l'armée prussienne, et de ne pas en avoir tenu compte.

3° De s'être abstenu de combattre dans telles circonstances par un parti pris, de ne pas avoir voulu s'engager dans une lutte dont le succès ne serait pas certain.

4° Enfin, d'avoir tenu volontairement le ministre dans l'ignorance des faits qui se produisaient, ce qui n'a pas permis au ministre de prévenir le mal, et d'y remédier en temps utile.

VI. — Après la guerre.

Après l'internement de l'armée de l'Est en Suisse, l'odyssée des bandes garibaldiennes n'était pas terminée. Nous en avons pour preuves les dépêches suivantes.

M. Challemel-Lacour télégraphie, à la date du 1er février, à M. Gambetta :

Les garibaldiens ayant évacué Dijon cette nuit, viennent jusqu'à Lyon et nous commençons à en être inondés; grand péril en ce moment. Ordonnez au général Garibaldi de s'arrêter aux lignes de Chagny et de retenir ses hommes. Quant à moi, je ne puis ni les recevoir, ni les garder ici.

Challemel-Lacour.

Le général commandant la place de Lyon télégraphiait de son côté ce qui suit :

Reçois dépêches de tous côtés m'annonçant FUYARDS en désordre de Garibaldi et autres corps francs. Ils viennent encore inonder la ville, y *porter le désordre et l'indiscipline*. Les chefs m'écrivent qu'ils viennent se réorganiser, c'est-à-dire *vider encore les magasins de l'Etat*. Je serais bien d'avis de ne leur rien donner et de traduire en cour martiale tous les chefs.

Signé : Général BRESSOLLES.

Il fallut procéder au licenciement de ces bandes.

La dépêche suivante du procureur général d'Aix adressée le 25 février 1871, au ministre de la justice à Bordeaux va nous édifier sur la conduite des troupes garibaldiennes à ce moment-là. (1)

Légion de l'Etoile, 1.000 hommes licenciés et en désarmement (Grecs et Espagnols), en séjour à Sisteron et communes voisines, désolent et terrifient les habitants, chassent et volent à main armée, se battent, tant officiers que soldats : rixe hier ; sept blessés, dont deux mor-

(1) *Dép. off.*, t. I, p. 166.

tellement. — Ce soir, le combat recommence... Annoncent que paix faite, continueront guerre pour eux ; signifient qu'à défaut d'indemnité vont occuper pays militairement, la mairie et la recette. Personne n'ose plus sortir le soir.

Signé : THOUREL.

Le colonel de Colonjeon émet l'avis de licencier le corps des *Vengeurs* et s'exprime ainsi à cette occasion :

La conduite des *Vengeurs*, depuis le premier jour de leur organisation jusqu'au jour de leur licenciement, a été ridicule, honteuse et infâme... En regardant de près ces accusations qui constituent des attentats à la propriété d'autrui, des vols, des escroqueries, on se sent pris d'un sentiment de dégoût, et je suis persuadé que le conseil de guerre sera prochainement appelé à faire justice des actes odieux des *Vengeurs*, qui ont méconnu tous leurs devoirs de citoyens et traîné dans la fange l'uniforme qu'ils étaient tenus de bien porter. (1)

Enfin, le général Bordone était lui-même obligé de licencier les *Enfants perdus de Paris*.

---

(1) Rapport de M. Perrot, t. II, p. 270, 271.

Vient ensuite la carte à payer présentée par Bordone. Il faut lire à ce sujet le rapport de la commission des marchés. Mais le moment est venu de conclure. Nous emprunterons encore nos arguments, comme nous l'avons fait jusque là, à des documents officiels.

C'est d'abord le témoignage de M. de Freycinet qui s'exprimait ainsi :

Il y eut une période pendant laquelle le corps de Garibaldi n'a pas rempli le rôle qui lui était assigné. Il avait ordre de défendre Dijon, ce qu'il a fait, mais il avait une autre mission qu'il ne remplit pas : celle d'empêcher les passages de troupes qui pouvaient se faire au-dessus de Dijon. Cette faute fut très préjudiciable à l'armée de Bourbaki.

C'est ensuite M. de Wickede, un des écrivains militaires d'Allemagne les plus compétents, qui, rendant compte des opérations de la dernière guerre, dit à ce sujet :

De tous les chefs un peu notables de cette lutte gigantesque, le vieux Garibaldi a bien prononcé le plus de paroles inutiles, et, en réalité, fait le moins d'exploits ; il mérite par son excès de négligence d'être vraiment honni. Au lieu de faire la guerre avec énergie, en octobre et novembre, où il pouvait nous nuire extrêmement, et de s'avancer sur Nancy et Bar-le-Duc, il ne bougea pas, se bornant à lancer les proclamations les plus ampoulées et les plus folles.

Il nous a été plutôt utile que nuisible, et, si les autres généraux et les autres armées avaient ressemblé à lui et à ses bandes, notre victoire ne nous aurait pas coûté aussi cher...

C'est encore le témoignage de M. de Freycinet qui adressait, le 19 janvier, au général Bordone la dépêche suivante :

Vos dépêches ne répondent nullement aux miennes. Je vous ai seulement demandé de diriger de fortes expéditions en travers de l'ennemi pour empêcher et peut-être rompre ses longues mais minces colonnes. C'est ce que vous n'avez jamais voulu comprendre, pour vous dispenser sans doute de le faire. En ce moment même vous pourriez faire d'utiles diversions sur votre gauche, et vous ne bougez pas, vous bornant à m'annoncer la présence du prince Frédéric Charles, lequel est notoirement au Mans. Cela prouve que vos éclaireurs n'éclairent pas et vous en font accroire. Si cela doit continuer, je déclinerai, quant à moi, devant le Gouvernement, toute responsabilité dans votre coopération, et le Gouvernement avisera.

J'avoue que j'attendais autre chose de vous dans cette campagne et je regrette d'avoir aussi chaudement pris votre parti dans l'espoir que cela vous déciderait à une action patriotique qui eût fait tout oublier.

Nous avons enfin l'appréciation de la commission d'enquête qui n'était pas moins sévère pour Garibaldi. Voici ce qu'elle disait :

Si le général Garibaldi avait été un général français, nous aurions été contraints de renvoyer le dossier au ministre de la guerre, afin d'examiner si le général Garibaldi ne devait pas être traduit devant un conseil de guerre, pour y répondre de sa conduite comme ayant abandonné à l'ennemi, de propos délibéré et sans combat, des positions qu'il avait reçu mission de défendre, et comme ayant par là occasionné la perte d'une armée française et amené un désastre militaire, qui n'aura de comparable dans l'histoire que les désastres de Metz et de Sedan.

Après ce qu'on vient de lire, on comprend que l'amiral Fourichon ait dit : « J'ai regardé comme un grand scandale d'appeler cet aventurier en France. » (1)

(1) Enquête parlementaire, déposition de l'amiral Fourichon, t. I, p. 643.

VII. — Garibaldi et la France.

Après la série de documents que nous avons fait passer sous les yeux de nos lecteurs, nous allons achever de faire connaître l'homme néfaste auquel la France républicaine veut élever une statue, en reproduisant quelques-unes des lettres qu'il a écrites à ses amis et dans lesquelles il faisait connaître ses sentiments vis-à-vis de la France.

Dans une lettre en date du 7 décembre 1870, Garibaldi disait : « Notre but (en allant en France) ne sera certainement pas de combattre les frères d'Allemagne. »

Dans une autre lettre du 6 septembre 1870, il écrivait : « J'ai désiré le triomphe des armées prussiennes. »

Garibaldi n'a pas cessé de travailler à arracher Nice à la France, et pour effectuer cette séparation dont il a laissé l'idée à ses fils comme un héritage sacré, il ne reculait pas devant des *torrents de sang à répandre*.

Voici la lettre que l'aventurier italien écrivait en 1875 à un certain Villani qui, se trouvant à Varzin en même temps que M. de Bismarck, avait tracé du chancelier prussien un portrait des plus élogieux dont il avait fait hommage à Garibaldi.

Mon très cher Villani,

Vous m'avez fait un portrait de Bismarck empreint d'une grandeur et d'une vérité sans pareilles.

Vous avez véritablement compris cet illustre grand homme, à qui le monde est redevable de ces généreuses batailles morales qui, plus que les matérielles, écraseront dans la poussière l'hydre sacerdotale du mensonge.

Pour ma part, je vous en remercie de tout mon cœur, et je suis pour la vie,

Votre

GARIBALDI.

Le 7 mars 1882 il écrivait :

« L'amour que j'éprouvais pour la France s'est changé en mépris. »

Dans son discours à Palerme, aux fêtes de l'anniversaire des Vêpres siciliennes, il disait : « L'Allemagne a rendu un grand service à l'humanité en abaissant la France. »

Voici aussi la lettre que Garibaldi écrivait le 9 mars 1882 et qui peut être considérée, en quelque sorte, comme son testament politique :

Naples, 9 mars 1882.

Mon très cher Léo Taxil,

C'est fini, votre République à calotte ne trompera plus personne. L'amour et la vénération que j'avais pour elle se sont changés en mépris.

Votre guerre tunisienne est une honte. Si le gouvernement italien commettait la bassesse de reconnaître le fait accompli, il serait bien méprisable, de même que lâche serait la nation qui tolèrerait un gouvernement pareil.

Vos fameux généraux, qui se sont laissé mettre en cage par les Prussiens, dans des wagons à bestiaux, et emmener ainsi en Allemagne après avoir abandonné à l'ennemi un demi-million de vaillants soldats, font aujourd'hui les rodomonts, contre les faibles et innocentes populations de la Tunisie, qui ne leur doivent rien et ne les ont offensés en aucune manière.

Vous connaissez les dépêches qui annoncent : Le général a fait une brillante razzia : il a détruit trois villages, abattu mille dattiers, volé deux cents bœufs, sequestré deux mille poules, etc., etc. Si l'on avait l'imprudence d'insérer ces télégrammes dans la belle histoire de France, il faudrait les en balayer avec un balai de cuisine trempé dans la... fange.

GARIBALDI.

Voilà l'homme que M. Madier de Montjau a appelé un ami de la France.

Nous ne nous permettrons plus aucun commentaire.

Voilà votre homme, Messieurs les républicains ! Voilà votre patriote ! Voilà votre grand général !

Saluez-le, Messieurs, saluez-le et prenez le deuil. Il est bien à vous ce traître ! Nous ne vous le disputerons pas.

TABLE DES MATIÈRES

4

www.ingramcontent.com/pod-product-compliance
Lightning Source LLC
LaVergne TN
LVHW021721080426
835510LV00010B/1081